이재호 교수와 함께하는

CSI창의융합코딩

Beginner Course(초급 과정)

Creative STEAM Investigation

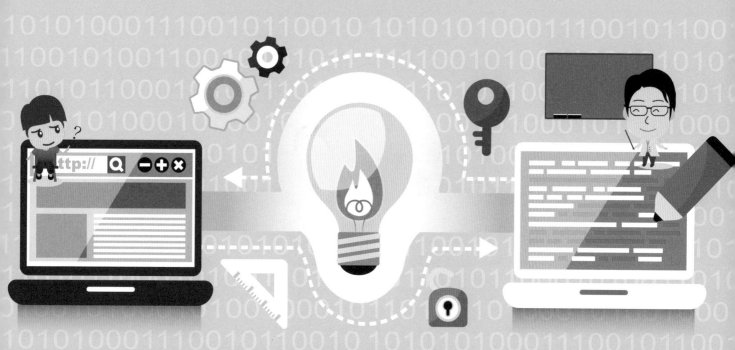

이재호, 김강현, 김원, 박재일, 백승욱, 유경일, 이광재, 장준형 ((사)한국창의정보문화학회) 공저

도서출판

정일

창조적 사고력 계발을 위한
SW 코딩 탐험 시리즈를 시작하면서...

SW 코딩 교육의 핵심은 '사고력 계발'이다.

SW 코딩 교육의 핵심적인 목표는 '사고력 계발'이고, 사람들은 그것이 '컴퓨팅 사고력(CT : Computational Thinking)의 계발'이라고 생각한다. 그렇다면 현재의 SW 코딩 교육은 학생들의 '컴퓨팅 사고력'을 충분히 계발시킬 수 있는 방향으로 진행되고 있는가? 물론 그렇지 못하다는 것을 우리는 잘 알고 있다. '사고력 계발'이라는 핵심 목표를 달성하기에는 현재 우리의 SW 코딩 교육은 '2% 부족한 상태'다.

'2% 부족한 것'은 무엇인가?

SW 코딩 교육의 핵심적인 목표 달성을 방해하는 '2% 부족한 것'은 무엇인가? SW 코딩 교육을 통하여 '컴퓨팅 사고력'을 계발하기 위해서는 학생들에게 '코딩에 대하여 생각하는 시간'을 충분히 제공해야 한다. 그러나 현재의 SW 코딩 교육은 이러한 기회를 제공하지 못하고 있다. 대부분의 SW 코딩 교육에서는 한정된 시간 안에 한 권의 책으로 거창한 목표를 달성하기 위하여 많은 양의 지식을 제공하는 형식에 치중하고 있는 실정이다. 사정이 이러하다 보니 '코딩에 대하여 생각하는 시간'을 갖는 것은 학생의 입장에서는 사치스러운 것일 수밖에 없는 실정이다. 이와 같이 현재 진행되고 있는 '2% 부족한 SW 코딩 교육'을 '100% 완벽한 SW 코딩 교육'으로 변화시켜나가는 노력이 필요한 시점이다. SW 코딩 교육을 올바른 방향으로 인도할 수 있는 방법은 무엇인가?

'생각하는 SW 코딩 교육'이 필요하다.

어떻게 하면 현재 SW 코딩 교육의 '2% 부족한 것'을 보완할 수 있는가? SW 코딩에 참여하는 학생들이 '생각하는 SW 코딩'을 할 수 있도록 지원하는 것이다. 학생들 스스로 '생각의 시간'을 가져야 '사고력 계발의 시간'이 생기게 된다. 사람들은 이것이 가능한 방법 중 하나가 '언플러그드(unplugged) 교육'이라고 생각한다. 본 교재의 가장 큰 특징 중 하나는 SW 코딩 교육에 참여하는 학생들에게 '언플러그드 교육' 소재를 충분히 제공함으로써, '코딩에 대하여 생각할 수 있는 충분한 시간'을 갖도록 한다는 것이다. SW 코딩을 처음 시작하는 어린 학생들에게 '먼저 생각하고 실행하는 SW 코딩'이 습관화될 수 있도록 지원하는 것이 목표다.

'재미있는 SW 코딩 교육'이 필요하다.

SW 코딩 교육은 재미있어야 한다. 특히 SW 코딩이 어렵다고 생각하거나 SW 코딩을 처음 시작하는 학습자들을 위한 SW 코딩 교육은 더욱 그러하다. SW 코딩 교육을 시작하였으나 재미가 없어서 SW 코딩에 대한 흥미를 잃어버리고 포기하는 학생들이 나와서는 안 된다. SW 코딩을 배우고 싶으나 어렵다는 생각에 두려워서 쉽게 SW 코딩을 시작하지 못하는 학생들도 한번 참여하면 끝까지 SW 코딩에 대한 교육을 마칠 수 있도록 지원해야 한다. 이러한 목표를 달성할 수 있는 SW 코딩 교육 프로그램과 이를 뒷받침해 줄 수 있는 SW 코딩 교육 교재가 필요한 상황이다. 학생들이 흥미를 가지고 SW 코딩에 몰입할 수 있는 교육 교재가 필요하다. 본 교재는 학생들이 교육을 시작하면서부터 흥미를 가지고 처음부터 끝까지 집중하여 참여할 수 있도록 재미있게 구성하였다.

'실용적인 SW 코딩 교육'이 필요하다.

SW 코딩의 본질은 '실용성'이다. 그렇기 때문에 SW 코딩 교육의 주제는 '실용적'이어야 한다. 결과적으로 SW 코딩 교육의 주제는 현실세계의 문제를 해결해 나가는 것이어야 한다. '주제 따로 현실세계 따로'인 경우에는 교육 효과를 기대하기 어렵다. 특히, "SW 코딩을 배워서 어디에 써먹을 수가 있지?", "우리 아이의 대학 입학에 어떤 도움이 되지?"라고 의심에 찬 눈으로 SW 코딩 교육에 대한 부정적인 시각을 견지하고 있는 학부모들을 설득할 수 있는 SW 코딩 교육 프로그램과 SW 코딩 교육 교재가 필요한 상황이다. SW 코딩을 시작하는 학생들에게 실제적으로 도움이 되는 교육 교재가 필요하다. 본 교재의 주제와 내용은 '실용적'이다. 현실세계의 내용이면서 학생들이 학교생활을 하는데 도움이 될 수 있는 주제들과 내용으로 구성하였다.

'융합적인 SW 코딩 교육'이 필요하다.

SW 코딩 교육의 주제가 '실용적'이기 위해서는 그 내용이 '융합적'이어야 한다. 융합(STEAM) 교육은 시대적인 요구사항이기도 하다. 본 교재를 이용하여 SW 코딩 교육에 참여하는 학생들은 자연스럽게 융합적인 사고력 역량이 배양됨으로써, 미래형 융합인재로 성장할 수 있을 것이다.

'수준별 SW 코딩 교육'이 필요하다.

현재 SW 코딩과 관련된 교재는 수 없이 많다. 그러나 안타깝게도 대부분의 SW 코딩 교육 교재는 단발성 교재이다. 그 중에는 초보자용도 있으며 고급자용도 존재한다. 그러나 일관적이고 체계적인 계획 하에 학생들의 수준을 고려한 시리즈형의 SW 코딩 교육 교재는 찾아보기 어렵다. 이러한 문제점을 극복하기 위하여 본 교재는 총 4단계의 과정으로 구성하고, 이를 시리즈 형식으로 출간할 계획이며, 그 내용은 다음과 같다.

1단계 : Beginner Course[초급 과정] SW 코딩을 처음 접하는 학생들을 위한 교육 과정
2단계 : Standard Course[표준 과정] 평균 수준의 SW 코딩을 할 수 있는 학생들을 위한 교육 과정
3단계 : Advanced Course[고급 과정] 고급스러운 SW 코딩을 할 수 있는 학생들을 위한 교육 과정
4단계 : Challenge Course[도전 과정] 도전적인 과제 해결을 위하여 창의적인 SW 코딩을 할 수 있는 학생들을 위한 교육 과정

본 교재는 이상과 같은 4단계 과정 중 첫 번째 과정에 해당하는 Beginner Course(초급 과정) 교재다. 진정한 의미의 'SW 코딩 초보자'를 위한 교육 교재인 것이다.

본 교재는 (사)한국창의정보문화학회(http://www.3c.or.kr)의 '창의메이커교육연구회'에 소속된 현직 초등학교 교사와 기업 회원들의 작품이다. 작품 구상은 2016년 겨울에 시작하였으며, 초고 집필 후에 학교 현장에서의 적용과 학생들의 반응들을 종합하는 과정을 거쳤기 때문에 이제야 출간하게 되었다. 시작이 반이다. 처음으로 SW 코딩을 접한 학생들도 걱정할 필요가 없다. SW 코딩 교육을 통하여 학생들은 자연스럽게 문제해결력과 창의성을 배양하여 21세기 창의인재로 커나갈 것이다. 본 교재가 SW 코딩을 시작하는 학생들의 '컴퓨팅 사고력' 계발에 도움이 되기를 기대한다. 그리고 다음 단계의 교육 과정도 곧 출간할 것을 약속하면서, 독자 여러분들의 지속적인 관심과 성원을 기대한다.

2017년 6월

대표저자 이 재 호
((사)한국창의정보문화학회 회장, 경인교육대학교 컴퓨터교육과 교수)

이 책의 구성 및 활용방법

이 책은 스크래치를 이용하여 처음으로 SW 코딩을 시작하는 학생들을 위한 것이다. 이러한 학생들뿐만 아니라 스크래치를 배운 경험이 있는 학생들도 교재 없이 SW 코딩을 하지 못한다면, 이 책으로 다시 시작하기를 권고한다. 본 교재를 마스터하고 나면 스스로 SW 코딩하는 역량을 갖출 수 있을 것이다.

이 책은 0단원부터 5단원까지 총 6개의 단원으로 구성하였다.
이를 위하여 0단원부터 5단원까지 총 6개의 단원으로 구성하였다. 0단원은 스크래치를 처음 접하는 학생들을 위한 것이고, 만약 스크래치를 사용해본 경험이 있거나 스크래치 프로그램을 설치한 경험이 있다면 넘어가도 될 것이다.

6개의 단원은 '선택' 교육 단원과 '필수' 교육 단원으로 구성하였다.
1단원과 5단원은 '선택' 교육 단원이고, 2단원부터 4단원까지의 3개 단원은 '필수' 교육 단원이다. '선택' 교육 단원은 학생들의 SW 코딩 수준에 따라 선택적으로 교육이 진행될 수 있는 단원이고, '필수' 교육 단원은 학생들의 SW 코딩 교육 수준과는 상관없이 필수적으로 교육이 진행되어야 하는 단원이다.

각 단원은 3개의 '활동' 으로 구성하였다.
1단원부터 5단원까지는 각각 3개의 '활동' 으로 구성되어 있으며, 각 '활동' 은 1주일 학습 분량으로 구성되었다. 결과적으로 이 책은 총 15주 분량의 교육 내용을 포함하고 있다.

이 책은 12주 만에 마스터할 수 있도록 구성하였다.
그러나 '선택' 과 '필수' 교육 단원의 철학을 이해한다면, 12주 만에 이 책을 마스터할 수 있을 것이다. 정말 초보자들을 위한 교육이라면 1단원부터 철저하게 교육을 시작하고 5단원 내용은 스스로 학습 내용으로 남겨두면 될 것이고, 초보자이긴 하나 약간의 기초 지식을 가진 학생들을 위한 교육이라면 1단원은 빠르게 진행 한 후 5단원의 내용까지 마무리하면 될 것이다.

이 책의 내용은 다음과 같은 순서로 구성되었다.

이 책은 이야기 만화로 시작한다.
이 책은 모든 단원의 도입부에 간단한 만화를 제시하여 단원에서 배울 내용의 핵심적인 부분을 쉽게 알 수 있도록 구성하였다.

 'Preview' 는 단원별 전체적인 '활동' 내용을 한눈에 파악할 수 있도록 구성하였다. 'Preview' 를 통하여 학생들은 학습계획을 세우고 주요 활동을 확인할 수 있다.

 모든 '활동' 별로는 '활동 목표' 가 명시되어 있으며, '활동' 을 마치면 학생들이 성취할 수 있는 내용들을 제시하고 있다. '활동 목표' 아래에 제시된 '생각하나', '생각두울' 은 본격적으로 '활동' 에 참여하기 전에 학생들이 자신의 생각을 그림이나 글로 표현하는 '몸 풀기' 과정으로 이해하면 된다.

 '코딩 익히기' 과정은 한 단계씩 코딩을 배우고 익히는 과정으로 학생들은 선생님의 도움 없이 스스로 익힐 수 있도록 자세히 안내되어 있다. '코딩 익히기' 과정을 통해 기본적인 SW 코딩을 자유자재로 해낼 수 있을 것이다.

언플러그드 학습 형태로 진행되는 '놀이 배우기' 과정은 학생들이 다양한 놀이를 통해 SW 코딩과 관련된 사고력을 증진시킬 수 있도록 구성하였다. '놀이 배우기' 과정을 통하여 학생들은 친구들과 협력하면서 때로는 경쟁하면서 자연스럽게 컴퓨팅 사고력을 증진시킬 수 있을 것이다.

'창작하기' 과정은 '코딩 익히기' 과정을 통해 배운 내용을 바탕으로 학생들은 창의적인 생각을 통해 자신만의 SW 코딩 작품을 만들 수 있도록 구성하였다.

 '컴퓨팅 사고력' 과정은 단원별로 모든 '활동' 에 참여한 학생들의 컴퓨팅 사고력 역량을 평가하기 위하여 구성하였다. 만약 학생들이 생각하기에 잘 모르는 부분이나 부족한 부분이 있다면 '코딩하기' 과정의 반복학습을 통하여 익힐 수 있으며, 'CT 역량 평가' 를 통해 학생들 스스로 컴퓨팅 사고력 역량에 대한 평가를 할 수 있다.

▌이 책의 차례

스크래치
설치하기

스크래치를 설치하고 탐색할 수 있다.

1 스크래치 접속

포털 사이트 검색 창에서 [스크래치] 검색 혹은 주소창에 https://scratch.mit.edu 를 입력하여 상단 메뉴에 가입 버튼을 클릭하세요.

2 스크래치에 가입하면 좋은 점

내가 만든 작품을 온라인에 저장하고 친구들과 공유할 수 있어요. 그리고 커뮤니티에서 다양한 의견을 나눌 수 있습니다.
가입하지 않아도 만들기와 탐험하기가 가능합니다.

· 사용자 이름 : 사용할 아이디를 입력하세요.아이디는 실명을 사용하시면 안 됩니다.
· 비밀번호 : 비밀번호는 6글자 이상이어야 하며 입력과 확인에 두 번 입력합니다.

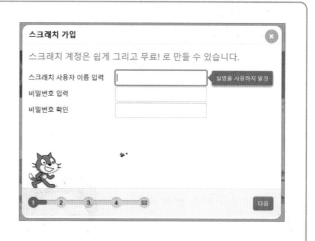

3 개인정보 입력

· 생년월일 : 태어난 년도와 날짜를 입력합니다.
· 성별 : 남자와 여자 중에서 선택해주세요.
· 국가 : 스크롤을 내려 대한민국(South Korea)를 선택해주세요.

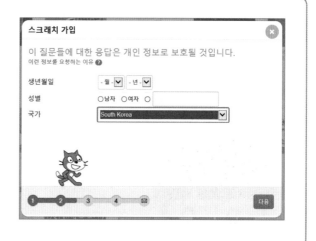

4 이메일 주소 입력

메일을 받을 수 있는 이메일 주소가 틀리지 않도록 두 번 입력합니다.

· 가입 후 스크래치에서 발송한 이메일을 받아 주소를 클릭하여 확인해야 인증이 됩니다.
· 아직 이메일이 없는 학생의 경우 부모님이나 선생님의 이메일을 이용하여도 됩니다. 하나의 이메일로 여럿이 인증 받아도 가입에 문제가 없습니다.

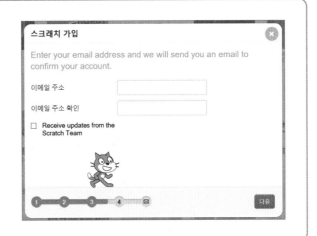

5 스크래치 가입 완료

가입이 완료되어 스크래치 회원이 되었습니다. 이제 스크래치 사이트를 둘러보세요.
등록한 이메일을 확인하여 이메일 인증을 완료하면 공유가 가능합니다.

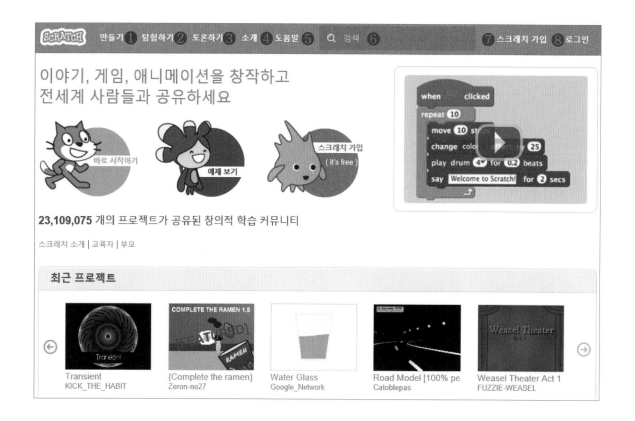

스크레치 홈페이지 메뉴 설명

❶ **만들기** : 웹 상에서 스크래치 코딩으로 작품을 만들 수 있습니다.

❷ **탐험하기** : 다른 사람의 작품을 볼 수 있습니다.

❸ **토론하기** : 스크래치에 대하여 질문하고 토론할 수 있습니다.

❹ **소개** : 스크래치에 대하여 소개합니다.

❺ **도움말** : 스크래치 연습 예제와 가이드 등 도움 자료를 제공합니다(영어로 제공).

❻ **검색창** : 공유된 스크래치 작품 및 프로젝트를 검색할 수 있습니다.

❼ **스크래치 가입** : 스크래치 사이트에 가입하실 수 있습니다.

❽ **로그인** : 스크래치 사이트에 로그인합니다.

1 스크래치 다운로드

· 스크래치 오프라인 에디터를 사용하면 좋은 점 : 인터넷 환경에 상관없이 안정적인 작업이 가능합니다.

· 홈페이지 하단에 오프라인 에디터를 클릭합니다.

· 자신의 운영체제에 맞는 버전을 선택하여 다운로드

Windows - Download ⬇

2 설치 시작

다운 받은 파일을 선택하여 설치 시작합니다.

3 설치 경로, 설치 동의하기

설치환경을 설정하고 사용권에 동의하면 설치가 진행됩니다.

4 스크래치 실행

바탕화면의 스크래치 아이콘을 더블클릭합니다.

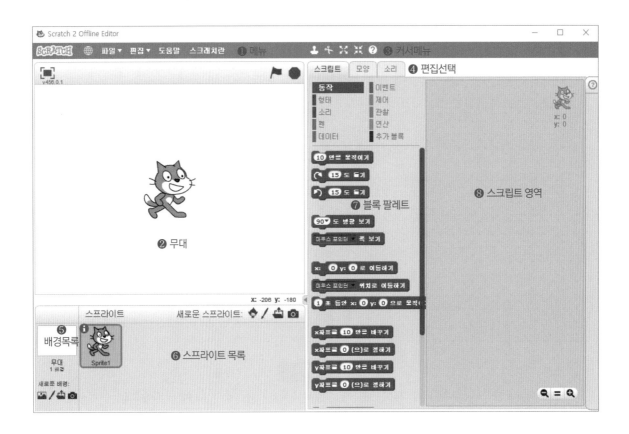

오프라인 에디터 화면 설명

❶ 메뉴 :

되돌리기/무대크기/터보모드

언어선택 ──── 🌐 파일 ▼ 편집 ▼ 도움말 스크래치란

새로만들기/저장 예제 및 도움말

❷ 무대 :

정지

전체화면으로 보기 녹색깃발시작

마우스 위치

작은 무대로 보기

❸ **커서 메뉴** : 스프라이트를 복사/오리기/크기변화 합니다.

오리기 늘이기

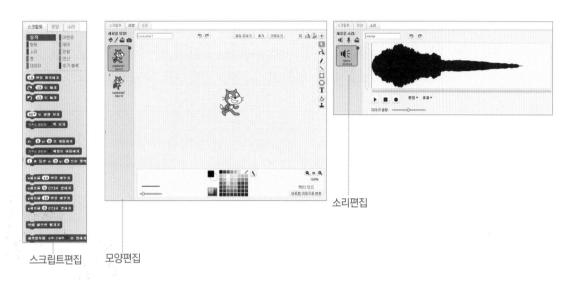

복사   줄이기

도움말

❹ **편집선택** : 배경 및 스프라이트의 스크립트 / 모양 / 소리를 편집할 수 있습니다.

스크립트편집   모양편집   소리편집

❺ **배경 목록** : 만들어 놓은 배경 중에서 편집하기 원하는 배경을 선택합니다.

❻ **스프라이트 목록** : 만들어 놓은 스프라이트 중에서 편집하기 원하는 스프라이트를 선택합니다.

❼ **블록 팔레트** : 스크립트 블록을 골라서 사용할 수 있습니다.

❽ **스크립트 영역** : 블록을 옮겨 붙여서 스크립트를 만들 수 있습니다.

※ 자유롭게 에디터를 탐색해보세요.

기초 코딩

Code.org 튜토리얼을 이용하여 코딩의 기초를 알 수 있다.
명령 순서에 따라 그림을 그려 프로그래밍 언어의 성격을 알 수 있다.
스크래치를 이용하여 댄스쇼를 만들 수 있다.

활동 1

첫걸음 코딩

Code.org의 Hour of Code 튜토리얼 퍼즐을 해결해보세요.

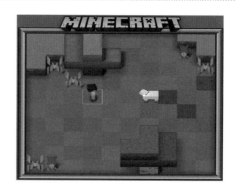

활동 2

[언플러그드] 아바타 그림놀이

명령어대로 움직여서 멋진 그림을 그려보세요.

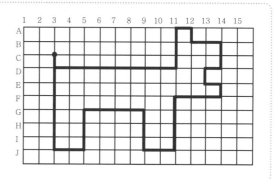

활동 3

스크래치 댄스쇼 코딩

동작과 소리, 형태 블록들을 이용하여 신나고 화려한 댄스 쇼를 만들어보세요.

이번 단원에 배울 컴퓨팅 사고력은?

이번 단원에서 핵심적으로 공부할 컴퓨팅 사고력은 '알고리즘'입니다. 알고리즘이란 문제를 해결하는 방법을 순서대로 이어 놓은 것을 말합니다. 예를 들어 라면을 끓일 때도 라면 봉지 뒤에 조리법을 보고 방법과 절차에 따라 조리를 하게 됩니다. 이처럼 컴퓨터에서도 문제를 해결하기 위해서는 해결하는 방법을 순서대로 처리하는 알고리즘을 계획하고 실행하기 위한 프로그램을 만듭니다.

 **1. 첫걸음 코딩**

활동목표	Code.org 튜토리얼을 이용하여 코딩의 기초를 알 수 있다.

생각하나 우리말을 모르는 컴퓨터에게 어떻게 일을 시킬 수 있을지 생각해봅시다.

생각두울 알고리즘에 대하여 들어본 적이 있는지 떠올려 보고 무엇일지 생각해봅시다.

코딩이란? 컴퓨터 말(프로그래밍 언어)을 사용하여 컴퓨터가 하는 일(프로그램)을 작성하는 것
알고리즘이란? 문제를 해결하는 방법을 순서대로 이어 놓은 것
　　　　　　　예) 라면 봉지 뒷면의 조리법 / 세탁기 작동법 등

1 Code.org 접속해요.

인터넷 검색창에서 Code.org를 검색하거나 주소창에 https://code.org를 입력하여 사이트에 접속하세요.

2 마인크래프트를 선택해요.

Hour of Code의 마인크래프트 튜토리얼 선택 → 마인크래프트 모험가 시작을 눌러보세요.

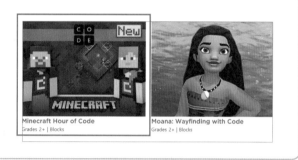

3 캐릭터 선택 및 시작

소개 동영상은 우측 상단의 ⊠ 버튼을 눌러 끌 수 있습니다. 자신이 사용할 캐릭터를 Steve와 Alex 중에서 선택하여 임무를 확인하고 퍼즐을 시작하세요.

4 첫 번째 퍼즐을 풀어요.

두 번 앞으로 이동해야 양과 만날 수 있습니다.
『앞으로 이동』 블록이 하나만 있으니, 하나 더 연
결 시켜주면 두 칸을 갈 수 있습니다. 블록은 연결
된 순서로 작동하며 블록을 다 만든 후 좌측에 실행
버튼을 누르면 무대에 캐릭터가 움직입니다.

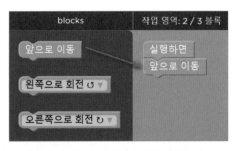

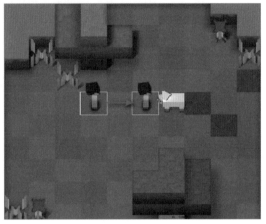

5 퍼즐을 계속 해결해요.

1번 퍼즐을 해결하였습니다. 계속하기를 눌러 다
음 퍼즐로 넘어가세요.

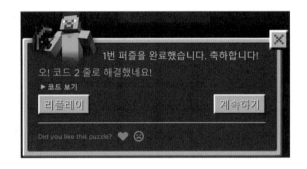

6 해결한 퍼즐을 살펴봐요.

해결한 퍼즐들은 모두 체크해나가며 마지막 14단계 까지 모든 퍼즐을 해결해보세요. 모두 해결할 수 있다면 여러분은
코딩의 기초를 잘 배운 겁니다.

마인크래프트 Hour of Code ✔ ② ③ ④ ⑤ ⑥ ⑦ ⑧ ⑨ ⑩ ⑪ ⑫ ⑬ ⑭ Hour of Code 완료

 2. (언플러그드) 아바타 그림놀이

| 활동목표 | 명령어를 보고 순서에 따라서 그림을 그릴 수 있다. |

생각하나

다른 사람에게 말로 그림을 설명 해 본 적이 있나요?
누가 들어도 똑같이 그림을 그릴 수 있는 방법을 생각해봅시다.

생각두울

선생님이 들려주는 설명을 듣고 그림을 그려 다른 친구와 똑같이 그렸는지 비교해보세요.

1 그림 시작 위치를 정해요.

먼저 그림을 그리기 시작할 위치를 정해보세요.

(C, 3)에서 시작 : 좌표로 표시해요.

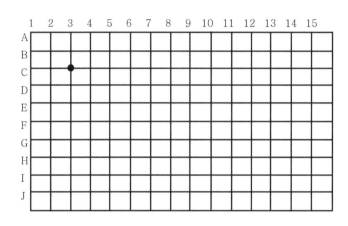

2 순서대로 그려요.

이제 연필이 이동할 방향을 순서대로 그리기 명령서에 기록해보세요.

↓ ↓ ↓

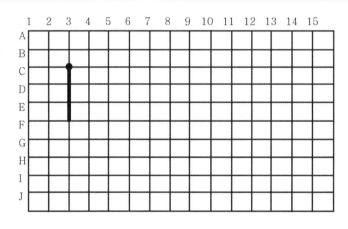

3 그리기 명령서 만들어요.

그림을 완성하여 그리기 명령서를 만들어보세요.

↓ ↓ ↓ ↓ ↓ ↓ → ↑
↑ ↑ → → → ↓ ↓ ↓ →
→ ↑ ↑ ↑ ↑ → → → ↑ ←
↑ → ↑ ↑ ← ← ↑ ← ↓ ↓
↓ ← ← ← ← ← 끝

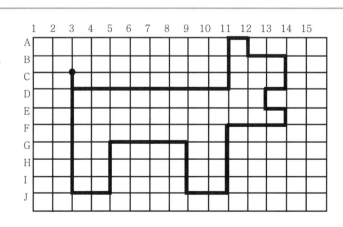

4 그리기 명령서로 그림을 그려요.

친구에게 그리기 명령서를 보여주고 똑같은 그림을 그렸는지 비교해보세요.

그리기 명령서									
시작	(C, 3)	↓	↓	↓	↓	↓	↓	↓	→
→	↑	↑	↑	→	→	→	→	↓	↓
↓	→	→	↑	↑	↑	↑	→	→	→
↑	←	↑	→	↑	↑	←	←	↑	←
↓	↓	↓	←	←	←	←	←	←	←
←	끝								

5 그리기 명령서를 업그레이드해요.

더 다양한 명령을 넣어 그리기 명령서를 만들어보세요.

시작 위치를 여러 번 옮겨도 좋습니다.

↗ 대각선 그리기

↱ 둥글게 그리기

⌒ 반원 그리기

더 복잡하고 어려운 그림 그리기에 도전해보세요. 그리기 명령서의 한 글자라도 빠뜨리면 그림이 달라질 수 있으니 주의하면서 그려보세요.

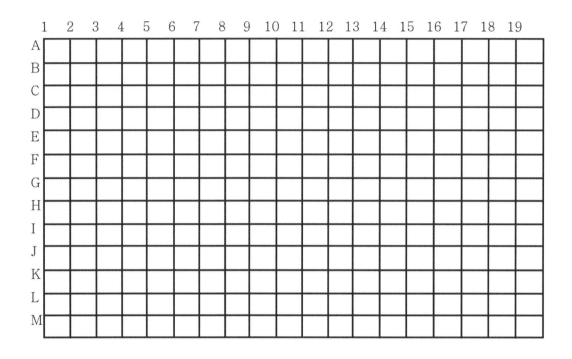

그리기 명령서									
시작									
	끝								

활 동 3. 스크래치 댄스쇼 코딩

활동목표 | 스크래치를 이용하여 댄스쇼를 만들 수 있다.

생각하나 댄스쇼를 만들려면 어떤 것들이 필요할까요?

생각두울 댄스쇼를 만들기 위해 필요한 스크립트 블록들을 어디에서 가져오면 될까요?

1 스크래치 고양이를 움직여보세요.

동작 팔레트에서 움직이기 블록을 끌어다가
스크립트 영역으로 가져오세요.

2 소리를 넣어보세요.

소리 팔레트에서 타악기 연주 블록을 끌어다
가 스크립트 영역으로 가져오세요.

3 이제 춤을 춰보세요.

좌우로 움직이며 박자 소리를 연주합니다.
블록 왼쪽 번호를 눌러 타악기 소리를 고를
수 있습니다 .

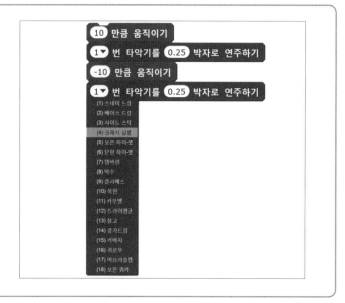

4 춤을 반복해보세요.

제어 팔레트에서 반복하기 블록을 끌어다가 다
른 블록들과 연결합니다.
스크래치는 블록이 쌓인 순서대로 작동하는데
반복 블록을 사용하면 횟수만큼 반복됩니다.

5 춤을 추기 전 주목 받을 수 있도록 말해주세요.

형태 팔레트에서 말하기 블록을 끌어다가 제일 위로 연결합니다.
말하고 싶은 내용을 빈칸에 적어주세요.

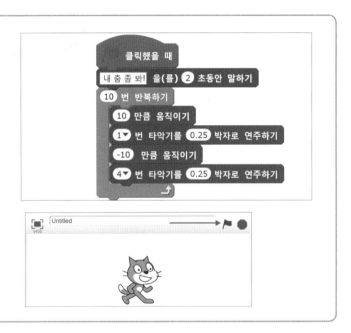

6 초록 깃발을 움직여주세요.

이벤트 팔레트에서 초록 깃발 블록을 끌어다가 제일 위에 연결해주세요. 초록 깃발 블록은 다른 블록들 중간에 넣을 수 없습니다.
이제 무대 상단의 초록색 깃발을 누르면 프로그램이 시작하고 적색 버튼을 누르면 멈춥니다.

7 배경을 넣어보세요

배경 목록 영역에서 『저장소에서 배경 선택 버튼(🖼)』을 눌러 저장소에 배경을 고를 수 있습니다.

8 초록 깃발을 눌러 작동시켜 댄스쇼가 잘 되는지 확인해보고 저장하여 공유 해보세요.

계속 멈추지 않고 춤을 추기 위해 10번 반복하기를 무한 반복하기로 바꿔보세요.

더 신나는 댄스쇼를 만들기 위해 편집선택에서 소리 탭을 골라 새로운 음악을 넣어보세요.

새로운 소리:

더 많은 친구들을 넣어 같이 춤 춰봐요.

어떻게 만들면 댄스쇼가 더 멋지고 재미있을까요? 곰곰이 생각하여 나만의 댄스쇼를 만들어보세요.

더 많은 댄서들과 화려한 동작이 있는 댄스쇼를 만들어보세요.

댄스쇼에 신나는 음악을 넣기 위해 어떻게 해야 할까요?

문항 1

1. 댄스쇼에서 더 많이 움직이게 하려면 A, B, C, D 중 어느 부분의 숫자를 늘려야 할까요?

2. 박자 소리를 다른 악기 소리로 바꾸려면 A, B, C, D 중 어느 부분을 바꿔야 할까요?

문항 2

스크립트 블록과 알맞은 블록 팔레트를 선으로 연결해보세요.

10 만큼 움직이기	•	• 형태
10 번 반복하기	•	• 이벤트
클릭했을 때	•	• 제어
Hello! 을(를) 2 초동안 말하기	•	• 동작

CT 역량평가

마인크래프트와 아바타 그림에서 순서를 알 수 있나요? (알고리즘)	☆ ☆ ☆ ☆ ☆
댄스쇼의 움직임과 소리를 나누어서 생각할 수 있나요? (문제분해)	☆ ☆ ☆ ☆ ☆

그림판 코딩

스크래치 그림판을 이용하여 미술적 감각을 살린 나만의 그림을 그릴 수 있다.
네모네모로직 활동을 통해 숫자의 규칙성을 이해하여, 알고리즘을 이해할 수 있다.
그림판을 활용하여 그린 나만의 그림을 스크래치 블록을 활용하여 움직일 수 있다.

이번 단원에 배울 컴퓨팅 사고력은?

이번 단원은 스크래치 형태 블록을 이해하고, 이를 이용하여 나만의 그림을 그리고 동작 블록으로 움직여 보는 활동을 통해 '추상화'의 개념을 배웁니다.
그리고, 재미있는 네모네모로직을 그리는 활동을 통해 알고리즘 개념을 구체적으로 이해합니다.

활동 1

그림판 도형 코딩

컴퓨터 형태 블록을 이용하여 다양한 그림을 그려보세요.
그림판을 이용하여 선, 원, 사각형으로 그리고 색깔을 입혀
보세요.

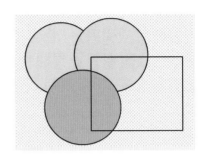

활동 2

(언플러그드) 숫자로 표현하는 그림놀이

네모네모로직을 그리는 법을 배워서 나만의 그림을 만들어보
세요.
나만의 그림을 그리고 동작을 블록을 이용해서 움직여보세요.

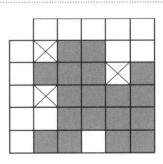

활동 3

움직이는 그림 코딩

나만의 그림을 그리고 동작을 블록을 이용해서 움직여보세요.

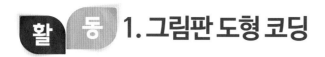

활 동 1. 그림판 도형 코딩

활동목표 | 스크래치로 나만의 그림을 그릴 수 있다.

생각하나 다음의 그림을 참고하여 사각형만으로 재미있는 그림을 그려보세요.

1 그림판을 열어 선을 그려보세요.

모양-모양새로 그리기를 눌러보세요.
선을 클릭해서 간단한 선을 그어보세요.

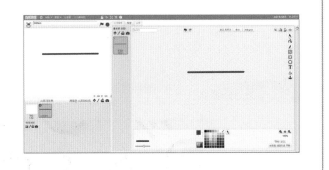

2 그림판을 열어 원을 그려보세요.

그림판에 동그란 메뉴를 눌러서 원을 하나 만들어
보세요.

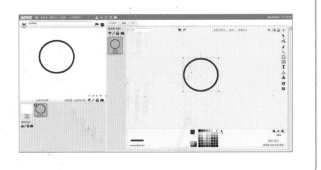

3 그림판을 열어 사각형을 그려보세요.

사각형 모양 툴을 클릭해서 간단한 사각형을 만들
수 있어요.

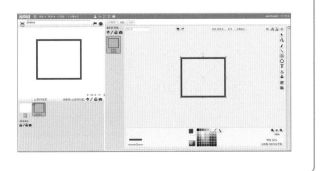

4 원과 사각형을 색칠해보세요.

원과 사각형을 그리고 채우기 툴을 클릭해서 다양
한 색깔로 채워보세요.

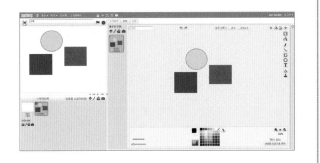

5 그림판을 열어 간단한 피아노를 그려보세요.

사각형 모양과 선을 이용하여 간단한 피아노 모양을 그리고 채우기 툴을 사용해서 피아노 모양을 완성해보세요.

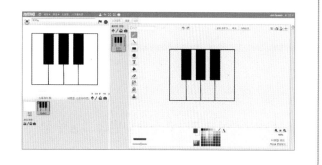

6 그림판을 열어 꽃모양을 그려보세요.

원 모양과 선을 이용하여 꽃을 그리고, 색 채우기를 이용하여 간단한 꽃 그리기를 해보세요.

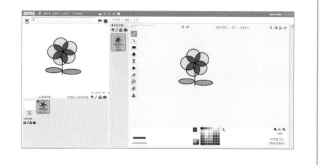

| 창작하기 | 나만의 그림 완성하기 |

🖱 내가 생각하고 그리고 싶은 나만의 그림을 생각해보세요.

🖱 생각한 그림을 스크래치 그림판으로 그려보세요.

문항 1

그림판의 다양한 기능을 생각해봅시다.
아래 그림판의 메뉴를 살펴보고 다양한 색깔을 만들어보세요.

문항 2

그림판을 활용하여 다양한 그림으로 표현하기 위해서는 메뉴를 자유롭게 활용할 수 있어야 합니다. 각 메뉴의 기능을 적어보세요.

🖌		🪣	
\		◢	
▪		👆	
T		⬇	

CT 역량평가

문제를 해결할 때 여러 순서로 나눠서 생각할 수 있나요? (문제분해)	☆ ☆ ☆ ☆ ☆
문제 해결방법을 순서대로 생각할 수 있나요? (알고리즘)	☆ ☆ ☆ ☆ ☆
반복되는 규칙을 찾아내서 문제를 해결할 수 있나요? (규칙발견)	☆ ☆ ☆ ☆ ☆

2. (언플러그드) 숫자로 표현하는 그림놀이

활동목표 | 숫자를 이용하여 네모네모로직을 완성할 수 있다.

생각하나

네모네모로직의 다른 이름은 노노그램이라고 합니다. 노노그램은 바둑판 모양 위에 힌트 숫자를 사용해 그림을 알아내는 것입니다. 노노그램을 해결하기 위해서 생각을 정말 많이 해야 합니다. 어떤 경우에는 몇 번의 실수를 거쳐야 해결할 수도 있습니다. 그렇지만, 완성된 그림을 보면 성취감을 느낄 수 있을 겁니다.

숫자의 규칙성을 이용하여 그림을 그려볼까요?

가로행에 "1 1" 이라는 뜻은 가로에 1칸 색칠하고 빈 칸을 주고 다른 곳에 1칸을 더 색칠하라는 뜻입니다.

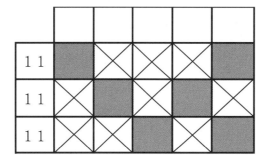

생각두울

세로 칸을 살펴볼까요? "2 1" 이라는 뜻은 2칸 색칠하고 빈칸을 주고 1칸 색칠하라는 뜻입니다.

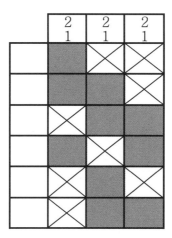

1 우선 각 세로줄 위쪽에 표시된 숫자들을 주목해주세요(11,5,4,3,4).

각 숫자들은 퍼즐판에 세로로 색칠을 해야하는 칸의 수를 나타냅니다. 즉, 숫자 3이 적혀 있다면 숫자가 적힌 세로줄 어딘가에 3칸 연속 색을 칠해야 한다는 뜻입니다. 물론 위치는 다른 숫자들과 연결해 찾아내야겠죠?

	1 1	5	4	3	4
2					
3 1					
4					
4					
2 2					

2 자, 그럼 한번 풀어 볼까요?

우선 세로줄 2번째 숫자인 숫자 5를 볼게요 5는 세로줄에 연속 5칸을 칠해야 한다는 뜻입니다. 그럼 어디에서 시작해 5칸을 칠해야 할까요? 조금만 생각해 보세요. 조금만 생각하면 답이 나올 겁니다.

	1 1	5	4	3	4
2					
3 1					
4					
4					
2 2					

3 큰 숫자부터 풀어보세요.

이 퍼즐의 경우, 가로와 세로가 5칸으로 이루어져 있어서 그냥 5칸 모두 색칠하면 됩니다. 어렵지 않지요? 보통 처음 풀때는 가장 큰 숫자부터 풀어가는 것이 정석입니다. 그럼 이제 슬슬 가로줄을 생각해볼까요?

	1 1	5	4	3	4
2		■			
3 1		■			
4		■			
4		■			
2 2		■			

두 번째 줄에 3과 1이라는 숫자가 있지요?

왼쪽부터 차례로 3칸, 그리고 1칸을 칠해야 한다는 뜻입니다. 이것은 3과 1사이에 적어도 빈 칸이 1개가 있어야 한다는 뜻입니다. 연속해서 색칠을 해야 한다면 4라고 적혀 있겠죠? 그냥 연속된 숫자들 사이에 빈 칸이 있다는 사실만 기억하면 됩니다.

	1 1	5	4	3	4
2		▨			
3 1	■	■	■		■
4		▨			
4		▨			
2 2		▨			

빈칸에 X 표시를 해두면 숫자 3의 3칸을 어디에 색칠해야 하는지 한눈에 알 수 있습니다.

X 표시는 절대 표시하면 안되는 곳을 의미합니다. 색칠하지 말아야할 곳을 X 표시를 하면 그림이 이상하게 됩니다.

	1 1	5	4	3	4
2		▨			
3 1	■	■	■	X	■
4		▨			
4		▨			
2 2		▨			

6

이번에는 첫 번째 세로줄인 숫자 1과 1을 볼까요?

세로줄에서 알 수 있는 정보는 숫자 1뿐입니다. 하지만 이미 가로줄에서 숫자 3과 1을 풀이할 때, 첫 번째 1칸을 칠했습니다. 그렇다면 자연히 그 위, 아래인 가로줄 첫 번째, 세 번째 칸은 X 일 수밖에 없다는 사실을 알 수 있죠. 1과 1 사이에 빈칸이 있어야 합니다.

	1 1	5	4	3	4
2	X	▨			
3 1	■	■	■	X	■
4	X	▨			
4		▨			
2 2		▨			

7 그렇다면, 방금 X 표시를 한 것이 퍼즐의 완성에 어떤 영향을 주는지 볼까요?

맨 위의 가로줄을 보면, 미리 칠해 놓은 칸의 오른쪽 1칸을 칠해야 한다는 것을 알 수 있습니다.

	1 1	5	4	3	4
2	✕	▨	▨		
3 1	■	■	■	✕	■
4	✕	▨			
4		▨			
2 2		▨			

8 이제 요령을 터득하셨나요?

맨 오른쪽 세로줄의 경우를 살펴볼게요. 세로 우측의 숫자 4는 위에서부터 4칸을 칠하거나 아래서부터 4칸을 칠하면 됩니다. 2가지 경우 모두 세로줄 가운데 위치한 3칸을 반드시 칠해야 해요.

	1 1	5	4	3	4
2	✕	▨	▨		
3 1	■	■	■	✕	■
4	✕	▨			▨
4		▨			▨
2 2		▨			

9 이처럼 힌트 숫자를 양쪽 끝에서부터 세어 봤을 때, 겹치는 부분을 칠해주면 됩니다.

강아지 모양이 나오지요?
이것이 네모네모로직의 기본 원리입니다. 숫자가 많아지면 상당히 복잡해져서 머리를 많이 써야 하지만, 익숙해지면 재미있게 풀 수 있습니다.

	1 1	5	4	3	4
2	✕	▨	▨		
3 1	▨	▨	▨	✕	▨
4	✕	▨	▨	▨	▨
4		▨	▨	▨	▨
2 2	▨	▨		▨	▨

	0	4	3	1 2	4	7	4	4	4	6
4										
1 6										
9										
1 7										
1 5										
1 1 1										
1 1										

빈칸에 숫자를 넣어 나만의 네모네모로직을 만들어 친구들과 풀어보세요.

활동목표	내가 만든 그림을 동작 블록으로 움직일 수 있다.

생각하나

다양한 도형을 이용하여 나만의 그림을 그리고 움직일 수 있을까요?
아래에 움직이고 싶은 나만의 그림을 하나 그려보세요.

생각두울

스크래치로 나만의 그림을 움직이기 위해 필요한 블록이 무엇일까요?
여러분의 생각을 적어보세요.

1 그림판을 열어 간단한 모양의 자동차를 그려보세요.

모양-[모양] 새로 그리기를 눌러보세요.
사각형과 원을 이용해서 간단한 모양의 자동차를
그려보세요.

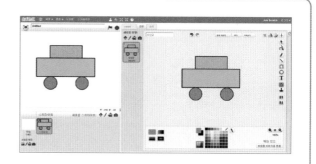

2 스크립트-[동작]

스크립트-[동작] 메뉴를 눌러보세요.
동작이라는 메뉴 아래에 다양한 형태의 블록들이
있습니다.

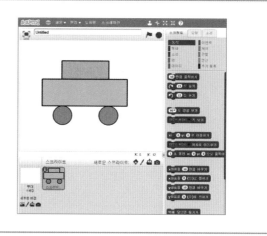

3 스크립트-[이벤트]

스크립트-[이벤트] 메뉴를 눌러보세요.
이벤트라는 메뉴 아래에 다양한 형태의 블록들을
확인해보세요.

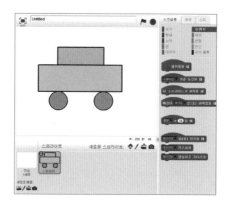

4 스크립트-[제어]

스크립트-[제어] 메뉴를 눌러보세요.
[제어]라는 메뉴 아래에 다양한 형태의 블록들을 확인해보세요.

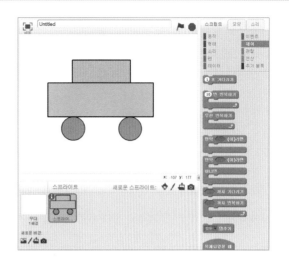

5 스크래치 블록을 사용해서 자동차를 움직여 볼까요?

먼저, [이벤트]- 클릭했을 때 블록을 오른쪽 빈칸에 드래그 합니다.

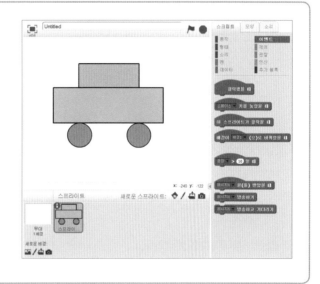

6 동작 블록 사용하기

둘째, 같은 방법으로 [동작]- 10 만큼 움직이기 블록을 드래그해서 클릭했을 때 블록 밑에 붙여 놓습니다.

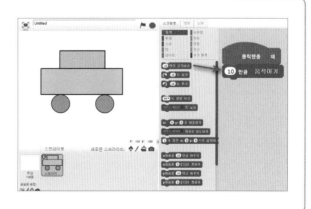

7 자동차를 움직여봐요.

첫째, 깃발 모양이 있는 클릭했을 때 라는 블록을
클릭하면 자동차가 10만큼 움직이는 모양을 확인
할 수 있습니다.
둘째, 자동차 위에 있는 초록색 깃발 모양을 눌러도
자동차가 움직입니다.

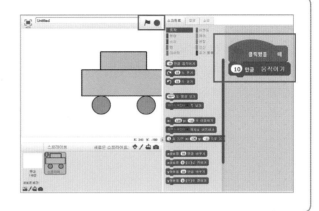

8 자동차를 계속 움직일 수 있는 블록을 찾아보세요.

스크립트-[제어] 메뉴를 눌러보세요.
[제어]- 10 번 반복하기 를 드래그하고 그 안에 10 만큼 움직이기
라는 블록을 연결합니다.

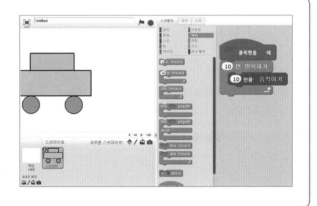

9 자동차를 화면 오른쪽 끝까지 한번에 움직여보세요.

스크립트-[제어] 메뉴를 눌러보세요.
제어- 무한 반복하기 라는 블록을 드래그해서 클릭했을 때
블록 아래에 놓아 보세요.
클릭을 하면 자동차가 화면 끝까지 움직이는 모양
을 확인할 수 있습니다.

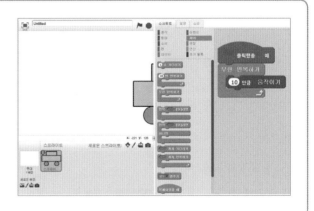

10 자동차가 사라졌어요.

흔히 스크래치에서 처음 접하는 친구들이 많이 하
는 질문입니다. 간단합니다. 자동차 뒷부분을 마우
스로 끌어다가 원래 자리에 두면 됩니다.
스프라이트는 마우스로 끌어다 마음대로 움직일
수 있습니다.

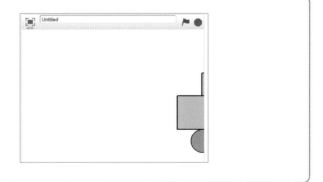

11 그럼 자동차가 벽에 부딪혀 나오지 않는 것을 해결해봅시다.

스크립트-[동작]에서 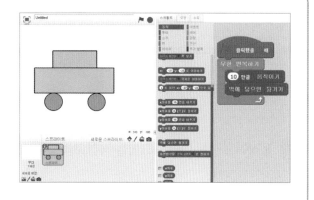를 블록 안에 넣으면 됩니다.
블록을 완성하고 시작해보세요.

12 나만의 자동차를 좌우로 움직여봐요. 좌우로 움직이다가 차가 뒤집어 보이기도 해요.

에서 🔢를 클릭하면 스프라이트 정보창이 열립니다. 회전 방식을 ↻에서 ↔로 바꾸어 줍니다. 이름도 바꿀 수 있습니다. 자동차를 좌우로 움직이게 해보세요.

움직이고 싶은 나만의 그림을 직접 그려보세요.

스크래치로 직접 그림을 그리고 코딩을 해서 원하는 작품을 만들어보세요.

컴퓨팅 사고력

문항 [1]

관계있는 것끼리 이어보세요.

클릭했을 때 •

무한 반복하기 •

10 만큼 움직이기 •

벽에 닿으면 튕기기 •

• 블록 안에 있는 프로그램을 무한 반복하게 해줍니다.

• 10만큼 움직입니다. 좌표상으로 10씩 이동을 합니다.

• 움직이다가 벽에 닿으면 벽에 붙지 않고 튕겨 반대 방향으로 움직입니다.

• 스크래치 실행창에서 클릭하면 프로그램을 실행한다는 것입니다.

문항 [2]

자동차가 다양한 각도로 움직이게 하고 싶다면 어떻게 하면 될까요?

나만의 자동차

x: -27   y: -22   방향: 122°

회전 방식: ↻ ↔ •

프로젝트 페이지에서 드래그 가능: ■

보이기: ☑

CT 역량평가

문제를 해결할 때 여러 순서로 나눠서 생각할 수 있나요? (문제분해)	☆ ☆ ☆ ☆ ☆
문제 해결방법을 순서대로 생각할 수 있나요? (알고리즘)	☆ ☆ ☆ ☆ ☆
반복되는 규칙을 찾아내서 문제를 해결할 수 있나요? (규칙발견)	☆ ☆ ☆ ☆ ☆

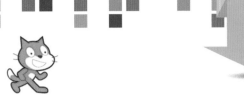

펜블록 코딩

펜블록을 사용하여 사각형을 그리고 다양한 작품을 만들 수 있다.
컴퓨터가 그림을 그리는 원리를 알고 숫자로 그림을 표현할 수 있다.
다양한 펜블록 명령어를 배우고 사각형으로 예쁜 꽃을 그릴 수 있다.

PREVIEW 펜블록 코딩

활동 1

펜블록 사각형 코딩

펜블록을 사용하는 방법을 배워서 사각형을 멋지게 그려봐요.

활동 2

(언플러그드) 숫자로 만드는 도형놀이

컴퓨터가 어떻게 그림을 그리는지 배우고 숫자 암호문으로
그림을 그려봐요.

활동 3

사각형 꽃그림 코딩

더 많은 펜블록 명령어를 배워서 사각형으로 예쁜 꽃을 그려요.

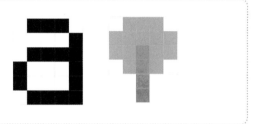

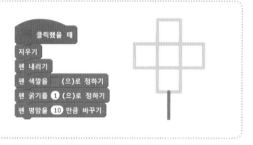

이번 단원에 배울 컴퓨팅 사고력은?

이번 단원에는 스크래치로 직접 순서대로 그리면서 알고리즘에 대해서 배워보겠습니다. 그림을 그릴 때
순서대로 그리는 것이 매우 중요합니다. 순서를 지키기 않으면 생각한대로 그림을 그릴 수가 없습니다.
알고리즘을 잘 이해하면 멋지게 그림을 그릴 수 있습니다.
그리고 도형을 그리면서 규칙을 발견하는 방법을 배워보겠습니다. 이렇게 규칙을 발견하는 것을 '패턴
인식'이라고 합니다. 규칙을 발견하면 보다 쉽게 그림을 그릴 수 있습니다.

활 동 1. 펜블록 사각형 코딩

| 활동목표 | 펜블록을 사용하여 그림을 그릴 수 있다. |

생각하나

여러분 한붓 그리기 아시나요? 연필을 종이와 떼지 않고 그림을 그리는 것입니다.

한붓 그리기로 사각형을 그리고 싶습니다. 연필을 종이에 대고 어떤 순서로 그리면 사각형을 그릴 수 있을까요?

ㄱ	ㄴ	ㄷ	ㄹ
오른쪽으로 10cm 선 긋기	왼쪽으로 10cm 선 긋기	위쪽으로 10cm 선 긋기	아래쪽으로 10cm 선 긋기

(　　　　　　　) - (　　　　　　　) - (　　　　　　　) - (　　　　　　　)

생각두울

아래 그림은 사각형을 이용해서 그렸습니다. 한붓 그리기로 아래 그림처럼 그리고 싶습니다. 직접 연필로 그려보고 그릴 때 어떤 규칙이 있는지 생각해보세요.

1 중심점을 옮겨요.

우선 중심점을 연필심으로 옮깁니다. 모양버튼을 클릭하고 ✛ 버튼하고 중심점을 옮깁니다.

2 펜블록을 내려요.

펜블록을 내리고 움직이면 선이 하나 그려집니다.

3 더 긴 선을 그려요.

그럼 더 긴 선을 만들어볼까요? 우선 팔레트에 그려진 선을 지워야겠죠? 이때 지우기 명령어를 사용하면 됩니다.

4 90도 회전해요.

사각형을 한 번 그려볼까요? 우선 사각형을 그리기 위해서는 회전을 해야 합니다. 90도 만큼 회전합니다.

5 정사각형을 그려요

네 변의 크기가 모두 같고 네 각이 모두 직각인 것을 정사각형이라고 합니다. 정사각형을 그려보세요.

6 규칙을 찾아봐요.

정사각형 코딩하면서 계속 사용하는 명령어를 찾을 수 있나요? 계속 사용하는 명령어를 찾고 규칙을 발견해보세요.

```
클릭했을 때
90▼ 도 방향 보기
지우기
펜 내리기
100 만큼 움직이기
90 도 돌기
100 만큼 움직이기
90 도 돌기
100 만큼 움직이기
90 도 돌기
100 만큼 움직이기
90 도 돌기
```

7 반복하기 블록을 사용해요.

반복하기 블록은 그 안에 있는 명령어를 원하는 수만큼 반복해서 프로그래밍 할 수 있습니다.

```
클릭했을 때
90▼ 도 방향 보기
지우기
펜 내리기
2 번 반복하기
    100 만큼 움직이기
    90 도 돌기
```

8 정사각형을 그려봐요.

반복하기 블록은 계속 사용하는 명령어를 아주 쉽게 반복할 수 있습니다. 반복하기 블록을 이용해서 사각형을 그려보세요.

```
클릭했을 때
90▼ 도 방향 보기
지우기
펜 내리기
○ 번 반복하기
    100 만큼 움직이기
    90 도 돌기
```

9 직사각형을 그려요.

이제 직사각형을 그려 보겠습니다. 가로선의 크기가 100이고 세로선의 크키가 50인 직사각형을 어떻게 그릴 수 있을까요?

10 규칙을 찾아봐요.

직접 그리면서 규칙을 찾았나요? 이번에는 가로선의 크기가 50이고 세로선의 크기 100인 직사각형을 그려보세요.

11 그림을 완성해요.

오른쪽 블록의 빈칸에 숫자를 넣어서 다음과 같은
그림을 그려보세요.

클릭했을 때
90▼ 도 방향 보기
지우기
펜 내리기
◯ 번 반복하기
　◯ 만큼 움직이기
　↺ 90 도 돌기
　50 만큼 움직이기
　↺ 90 도 돌기
2 번 반복하기
　◯ 만큼 움직이기
　↺ 90 도 돌기
　◯ 만큼 움직이기
　↺ 90 도 돌기

12 색깔을 바꿔봐요.

이제 사각형의 색깔을 바꿔보겠습니다.

펜 색깔을 ▨ (으)로 정하기

펜 색깔을 0 (으)로 정하기

이 두 가지 블록을 이용하면 색깔을 바꿀 수 있습니다.

클릭했을 때
90▼ 도 방향 보기
지우기
펜 내리기
펜 색깔을 ▨ (으)로 정하기
100 만큼 움직이기

클릭했을 때
90▼ 도 방향 보기
지우기
펜 내리기
펜 색깔을 0 (으)로 정하기
100 만큼 움직이기

13 연필로 직접 그려보세요.

오른쪽 그림을 직접 연필로 그려보세요.

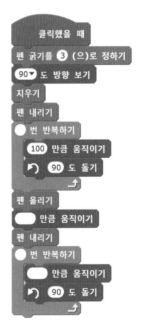

클릭했을 때
펜 굵기를 ③ (으)로 정하기
90▼ 도 방향 보기
지우기
펜 내리기
◯ 번 반복하기
　100 만큼 움직이기
　↺ 90 도 돌기
펜 올리기
　◯ 만큼 움직이기
펜 내리기
◯ 번 반복하기
　◯ 만큼 움직이기
　↺ 90 도 돌기

14 펜 올리기 블록을 사용해요.

직접 그려봤나요?

펜 올리기 명령어를 사용하면 그림을 더 이상 그리지 않
습니다. 오른쪽과 같은 그림을 그리려면 어떻게 해야
할까요? 빈 칸에 알맞은 숫자를 넣어주세요.

🖱 연필로 사각형을 그리면서 작품을 만들어보세요.

🖱 그려보고, 코딩한 것을 빈칸에 적어보세요

문항 1

아래 그림의 빈칸에 알맞은 숫자를 넣어서 크기가 150인 정사각형을 그리는 프로그램을 만들어보세요.

문항 2

네 변의 크기가 50인 정사각형 2개를 그리고 싶습니다. 그리고 이 2개의 정사각형은 서로 20만큼 떨어져야 합니다. 어떻게 명령어를 연결하면 원하는 모양을 그릴 수 있을까요? ㉠, ㉡, ㉢을 순서대로 연결해보세요.
( )-( )-( )-( )

CT 역량평가

문제를 해결할 때 여러 순서로 나눠서 생각할 수 있나요? (문제분해)	☆ ☆ ☆ ☆ ☆
문제 해결방법을 순서대로 생각할 수 있나요? (알고리즘)	☆ ☆ ☆ ☆ ☆
반복되는 규칙을 찾아내서 문제를 해결할 수 있나요? (패턴인식)	☆ ☆ ☆ ☆ ☆

활동목표 | 컴퓨터가 그림을 그리는 원리를 알 수 있다.

생각하나

검은색과 흰색만을 사용하여 그림을 그릴 수 있을까요? 아래 칸에다가 색칠을 해서 그림을 하나 그려보세요.

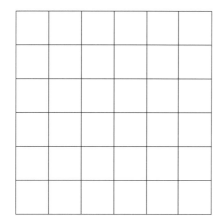

생각두울

검은색, 흰색이라는 말 대신 숫자를 사용하여 표현할 수 있을까요? 검은색을 1이라고 하고 흰색을 0이라고 한다면 위의 그림을 다시 숫자로 표현해보세요.

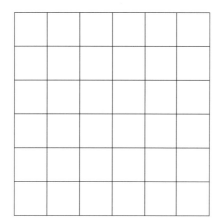

1 픽셀을 알아봐요.

컴퓨터는 작은 점을 이용해서 그림을 그립니다. 그 작은 점을 픽셀이라고 해요.

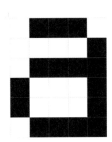

2 픽셀의 수를 세어봐요.

알파벳 a는 총 몇 개의 픽셀을 사용했나요? 검은색 픽셀은 몇 개를 사용했나요? 하얀색 픽셀은 몇 개를 사용했나요?

사용한 총 픽셀 수(   )

검은색 픽셀 수(   )

하얀색 픽셀 수(   )

3 숫자로 픽셀을 표현해요.

그러면 검은색 픽셀은 1로, 하얀색 픽셀은 0으로 표시해보겠습니다.

4 규칙을 찾아봐요.

이제 새로운 방법을 배우겠습니다. 한 번 어떤 규칙인지 곰곰이 생각해보세요.
오른쪽 그림은 1,3,1로 표현할 수 있습니다.

5 어떤 규칙이 있나요?

이 그림은 0,1,3,1로 표현할 수 있습니다. 규칙을 발견했나요? 규칙이 무엇인가요?

6 규칙을 배워요.

첫째 숫자는 하얀색 픽셀 수를 뜻해요. 만약 3이라면 하얀색 픽셀이 3개가 이어져서 색칠되었다는 뜻입니다. 그리고 그 다음 수는 검은색 픽셀 수를 뜻해요.

7 연속한 픽셀의 수를 세어봐요.

만약 검은색 픽셀부터 시작하면 처음 숫자는 0이 됩니다.

1,4

0,1,3,1이 됩니다.

8 그림을 숫자로 표현해봐요.

오른쪽 그림을 규칙에 따라서 숫자로 표현해봐요.

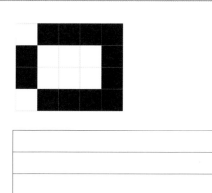

9 a를 숫자로 표현해봐요.

자 그림 a를 숫자로 표현해봅시다. 어때요? 더 적은 숫자로 표현할 수 있나요?

1,3,1
4,1

10 숫자 암호문으로 그림을 그려요.

컴퓨터가 이렇게 숫자로 그림을 그릴 수 있습니다. 어때요? 참 멋지죠? 오른쪽 그림에서 숫자를 보고 컴퓨터처럼 그림을 그려보세요.

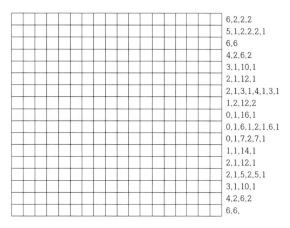

6,2,2,2
5,1,2,2,2,1
6,6
4,2,6,2
3,1,10,1
2,1,12,1
2,1,3,1,4,1,3,1
1,2,12,2
0,1,16,1
0,1,6,1,2,1,6,1
0,1,7,2,7,1
1,1,14,1
2,1,12,1
2,1,5,2,5,1
3,1,10,1
4,2,6,2
6,6,

11 색이 여러 개인 그림을 그려요.

자 그렇다면 이제 알록달록 색칠을 해볼까요? 오른쪽 그림은 하얀색, 초록색, 갈색으로 그린 나무입니다. 이 그림을 숫자로 어떻게 표현할 수 있을까요?

12 색깔마다 숫자를 정해요.

하얀색은 0, 초록색은 1, 갈색은 2라고 정해봐요. 그렇다면 오른쪽 그림은 0,1,1,1,2라고 표현할 수 있습니다.

13 다른 규칙을 알아봐요.

다른 방법은 하얀색(0)이 1개, 초록색(1)이 3개, 갈색(2)이 1개가 되니 이것을 숫자로 0,1,1,3,2,1로 표현할 수 있습니다.

14 나무 그림을 숫자로 표현해요.

그렇다면 위의 방법 중 한 가지를 골라서 나무 그림을 숫자로 표현해보세요.

검은색과 흰색으로만 그림을 그려보세요. 그리고 이것을 컴퓨터처럼 숫자로 표현해보세요.

문항 1

아래 그림은 이렇게 표현할 수 있습니다. 맨 왼쪽 칸에서 검은색 색칠-한 칸 오른쪽으로 이동-검은색 색칠-한 칸 오른쪽으로 이동-검은색 색칠

이것을 반복하기를 이용해서 표현해보고 싶습니다. 빈칸을 채워서 명령어를 완성해보세요.

> ( )번 반복하기
> 검은색 색칠
> 한 칸 오른쪽으로 이동

문항 2

위의 규칙을 사용하여 다음 그림을 그리는 명령어를 만들어보세요.

	1번째 줄	
	2번째 줄	
	3번째 줄	

CT 역량평가

그림을 그리는 과정을 단순하게 생각할 수 있나요? (추상화)	☆ ☆ ☆ ☆ ☆
그림을 보고 숫자로 표현할 수 있나요? (자료표현)	☆ ☆ ☆ ☆ ☆
반복되는 규칙을 찾아내서 문제를 해결할 수 있나요? (패턴인식)	☆ ☆ ☆ ☆ ☆

3. 사각형 꽃그림 코딩

활동목표 | 사각형으로 예쁜 꽃을 그릴 수 있다.

생각하나

꽃을 관찰하고 어떤 특징이 있는지 생각해봐요.
마인크래프트 세상처럼 꽃을 사각형 모양으로 단순하게 그려봐요.

생각두울

스크래치로 사각형을 사용해서 꽃을 그리기 위해서 더 필요한 명령어 블록은 어떤 것이 있을까요?
나라면 어떤 블록을 만들고 싶나요?

1 꽃을 단순하게 그려봐요.

정사각형으로 꽃을 그리기 위해서, 우선 꽃을 자세히 관찰해봅시다. 그리고 꽃을 정사각형으로 단순하게 그려보세요.

2 스크래치로 코딩을 해요.

오른쪽 그림과 같이 꽃을 단순하게 표현했습니다. 어떻게 코딩을 해야 할까요?

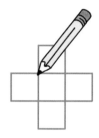

3 규칙을 찾아봐요.

규칙을 찾고 반복하기 블록을 사용해보세요. 오른쪽에 코딩한 것을 보고 빈칸에 어떤 것이 들어갈지 곰곰이 생각해보세요.

클릭했을 때
90 ▼ 도 방향 보기
지우기
펜 내리기
◯ 번 반복하기
　4 번 반복하기
　　50 만큼 움직이기
　　↺ ◯ 도 돌기
◯ 만큼 움직이기
↻ 90 도 돌기

4 꽃 색깔을 바꿔요.

꽃을 그리기 위해서는 먼저 펜 색깔을 꽃 색깔로 바꿔줘야 합니다.

---

5 숫자로 색깔을 바꿔요.

펜 색깔의 숫자는 0에서부터 200까지 넣을 수 있습니다.
색깔을 노란색 꽃을 그리기 위해서는 숫자의 값을 얼마로 해야 할까요?

---

6 규칙을 찾아봐요.

오른쪽을 보고 빈칸에 무엇이 들어갈지 곰곰이 생각해보세요. 그림을 보고 규칙을 찾아낼 수 있나요?

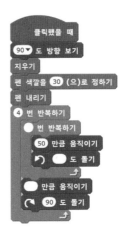

---

7 펜 굵기를 바꿔요.

그리고 펜의 굵기도 바꿀 수 있어요. 펜의 굵기를 다양하게 바꿔보세요.

---

8 예쁜 사각형 꽃을 그려요.

이제 우리는 펜의 색깔과 굵기도 바꿀 수 있어요.
그럼 오른쪽과 같은 꽃 그림을 그려보세요.

9 명암을 바꿔요.

그리고 명암을 바꿀 수도 있습니다. 명암은 밝고 어두운 것을 말합니다. 명암의 숫자가 작아지면 어두워지고, 커지면 밝아집니다.

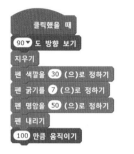

10 줄기를 그려요.

어떻게 하면 줄기를 그릴 수 있을까요? 지금까지 배웠던 내용을 모두 이용해서 그림을 그려보세요.

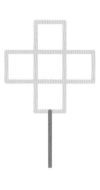

다른 방법으로 꽃을 그리려고 합니다. 어떤 방법이 있을까요?
아래와 같이 그리려면 어떻게 해야 할까요? 코딩한 것을 빈칸에 써보세요.

배운 내용으로 멋진 꽃밭을 직접 그려보세요.
꽃의 줄기와 잎도 같이 그리면 더 멋진 꽃밭이 되겠죠? 빈칸에 그린 그림을 보면서 스크래치로 꽃밭을 그려보세요.

컴퓨팅 사고력

문항 1

아래 그림과 같이 정사각형을 회전시켜서 꽃을 그리고 싶습니다. 어떻게 명령어를 연결하면 원하는 모양을 그릴 수 있을까요? ( )-( )-( )

문항 2

관계있는 것끼리 이어보세요.

1. 순차 •

2. 반복 •

3. 펜 블록 •

• ㉠ 사각형을 그릴 때 100 움직이는 것과 90 회전을 4번 하면 쉽게 그릴 수 있어.

• ㉡ 꽃을 그릴 때 순서대로 그려야 잘 그릴 수 있어.

• ㉢ 펜의 색깔이나 굵기를 바꿀 수 있어.

CT 역량평가

꽃을 단순하게 표현하여 생각할 수 있나요? (추상화)	☆ ☆ ☆ ☆ ☆
꽃을 그릴 때 꽃, 줄기, 잎으로 나눠서 생각할 수 있나요? (문제분해)	☆ ☆ ☆ ☆ ☆
반복되는 규칙을 찾아내서 문제를 해결할 수 있나요? (패턴인식)	☆ ☆ ☆ ☆ ☆

신데렐라 코딩

스크래치를 이용하여 인물의 말과 행동을 표현할 수 있다.
신데렐라 이야기의 스토리보드를 만들 수 있다.
인물의 특성을 살려 이야기를 재구성할 수 있다.

활동 1

신데렐라 이야기 코딩

스크래치로 신데렐라 이야기를 만들어보세요.

활동 2

(언플러그드)신데렐라 스토리보드 만들기

자신만의 신데렐라 스토리보드를 만들어보세요.

활동 3

이야기 재구성 코딩

신데렐라 이야기를 새롭게 꾸며서 코딩을 해보세요.

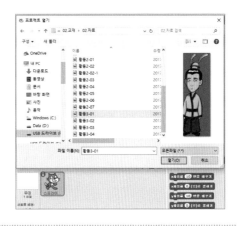

이번 단원에 배울 컴퓨팅 사고력은?

이번 단원에서 핵심적으로 공부할 컴퓨팅 사고력은 '시뮬레이션 사고력'입니다. '시뮬레이션'이란 복잡한 문제와 현상 등을 실제와 비슷하게 만들어 문제의 특징을 파악하는 것입니다. 예를 들어 안전한 자동차를 만들기 위해 컴퓨터로 가상의 자동차를 만들고 수많은 안전성 실험을 하는 것을 말합니다. 이러한 과정을 통해 조금 더 안전한 자동차를 조금 더 쉽게 만들 수 있습니다.

이번 단원에서는 스크래치로 신데렐라 이야기를 만드는 과정을 통해 '시뮬레이션 사고력'을 키워보도록 하겠습니다.

| 활동목표 | 신데렐라 이야기를 스크래치로 만들 수 있다. |

생각하나 신데렐라 이야기에서 가장 생각나는 장면이 무엇인지 자세히 써보세요.

누가	
언제	
어디서	
무엇을	
어떻게	
왜	

생각두울 '생각 하나'에서 적은 내용에 등장하는 인물, 배경, 말, 행동 등을 자세히 써보세요.

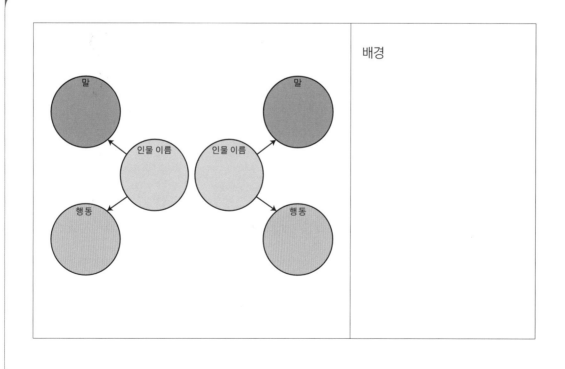

※ 다음 장면을 잘 살펴보고 스크래치로 코딩해보세요.

그림	대사	소리
	· 요정 : 신데렐라야 안녕! · 신데렐라 : 안녕하세요. 　그런데 누구세요? · 요정 : 너를 무도회에 보내주고 싶어서 왔어. · 신데렐라 : 무도회에 가고 싶지만 지금 제 모습이 너무 초라해서 갈 수 없어요. · 요정 : 그럼 내가 너를 공주처럼 만들어줄게.	· 배경음악 : 조용한 음악 · 요정이 등장할 때 소리 : '뾰로롱~~'

1 스프라이트를 선택해요.

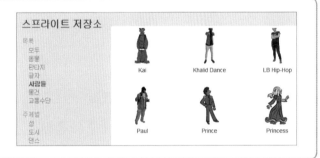

2 스프라이트를 설정해요.

스프라이트들의 이름, 방향, 회전방식 등을 설정해주세요.
방향, 회전방식 등을 바꾸면 어떻게 되는지 살펴보세요.

3 반투명 효과를 알아봐요.

반투명 효과를 사용하는 이유는 무엇일까요?

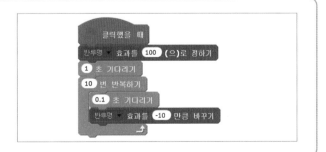

4 음악을 선택해요.

배경음악과 효과음을 선택하세요.

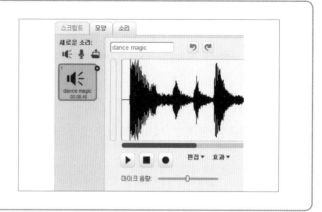

5 효과음을 넣어요.

선택한 효과음을 넣어보세요.

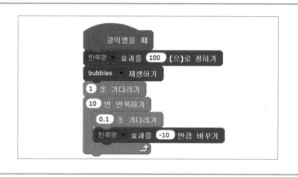

6 대사를 넣어요.

인물에 대사를 넣어보세요

7 '방송하기'를 알아봐요

'방송하기' 명령 블록의 역할은 무엇일까요?

8 대화를 완성해요.

'방송하기' 를 받았을 때를 넣어 대화를 완성하세요.

9 모양을 바꿔요.

'방송하기' 를 받았을 때 스프라이트의 모양을 바꿔보세요.

뒷부분에 등장하는 인물의 말과 행동을 적어보세요.

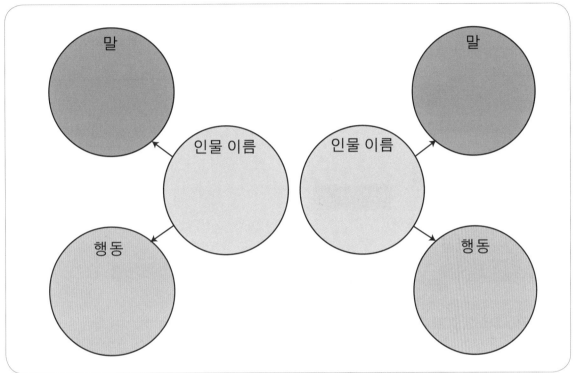

 인물의 말과 행동을 스크래치로 코딩할 때 필요한 명령 블록들을 적어보세요.

문항 [1]

```
클릭했을 때
반투명 ▼ 효과를 _____ (으)로 정하기
bubbles ▼ 재생하기
1 초 기다리기
10 번
    0.1 초 기다리기
    반투명 ▼ 효과를 _____ 만큼 바꾸기
모든 소리 끄기
2 초 기다리기
신데렐라야 안녕!! 을(를) 4 초동안 말하기
요정 대사1_끝 ▼ 방송하기
```

인물이 자연스럽게 등장하도록 하기 위해서 '반투명' 효과를 사용하려고 합니다.

빈칸에 알맞은 숫자와 명령어를 넣으세요.

문항 [2]

다음 ( )안에 알맞은 말을 넣어보세요.

1. 스프라이트들 간의 대화를 완성하기 위해 (   ) 명령 블록을 사용할 수 있다.
2. 스프라이트의 속성 변경에는 이름, (   ), 회전방식, 보이기 등이 있다.
3. 스프라이트의 모습을 바꾸려면 (   ) 명령 블록을 사용해야 한다.

CT 역량평가

이야기의 장면을 잘 떠올릴 수 있나요? (문제분해)	☆ ☆ ☆ ☆ ☆
이야기 순서에 맞게 명령 블록을 연결하였나요? (알고리즘)	☆ ☆ ☆ ☆ ☆
이야기를 스크래치로 자연스럽게 코딩하였나요? (시뮬레이션)	☆ ☆ ☆ ☆ ☆

 **2. (언플러그드) 신데렐라 스토리보드 만들기**

| 활동목표 | 신데렐라 이야기를 스토리보드로 만들 수 있다. |

생각하나

스토리보드로 완성한 이야기를 스크래치로 만들기 위해 필요한 스프라이트들은
어떤 것들이 있을까요?

생각두울

스토리보드로 완성한 이야기를 스크래치로 만들기 위해 필요한 명령 블록들은
어떤 것들이 있을까요?

※ 아래의 예시를 참고하여 4컷 정도로 스토리보드를 완성하세요.

그림	대사	소리
	· 쥐 : 저는 착한 신데렐라를 돕고싶어요. · 요정 : 그럼, 무엇으로 변신시켜 줄까? · 쥐 : 제가 마부가 돼서 신데델라를 무도회장까지 데려다 줄께요. · 요정 : 그래, 좋은 생각이다. 그럼~ 변해라!!	· 배경음악 : 밝은 음악 · 마법 소리 : '뾰로롱~~'

그림	대사	소리
	· 요정 : 이제 준비는 완벽해!! · 신데렐라 : 와~ 고맙습니다. · 요정 : 그런데, 한 가지 약속을 해야 해! 밤 12시가 되기 전엔 꼭 다시 돌아와야 해!! · 신데렐라 : 왜요? · 요정 : 밤 12시가 넘으면 다시 원래 모습으로 바뀌거든.	· 배경음악 : 조용한 음악 · 요정이 등장할 때 소리 : '뾰로롱~~'

그림	대사	소리
	· 왕자 : 아니 이렇게 아름다운 아가씨가 있었다니. 저랑 같이 춤을 춰주시겠어요? · 신데렐라 : 네, 좋아요~ · 왕자 : 정말 아름다우십니다. · 신데렐라 : 왕자님도 정말 멋지세요~	· 배경음악 : 밝은 음악

그림	대사	소리
	· 쥐 : 정말 큰일날뻔 했어요. · 신데렐라 : 시간이 이렇게 빨리 가다니. 왕자님께 인사도 못하고 왔어. · 쥐 : 그런데 유리구두는 어디에 있어요? · 신데렐라 : 급하게 나오느라 벗겨졌어..ㅠ	· 배경음악 : 슬픈 음악

그림	대사	소리
 (못된 새엄마, 늦게 돌아온 신데렐라)		

그림	대사	소리
(신데렐라를 찾아다니는 왕자, 왕자의 호위무사)		

그림	대사	소리
(왕자, 못된 새언니, 신데렐라)		

그림	대사	소리
(왕자, 유리구두를 되찾은 신데렐라)		

그림	대사	소리

문항 【 1 】

첫 번째 장면의 왕자를 두 번째 장면처럼 서로 마주보게 하려고 합니다.
스크래치의 어떤 기능을 사용하면 될까요?

문항 【 2 】

스토리보드를 완성하기 위해 생각할 점을 정리해 봅시다. 괄호 안에 알맞은 말을 보기에서 찾아 써보세요.

인물의 (   ), 이야기의 (   ), 인물 간의 (   )

<보기> 갈등, 성격, 배경

CT 역량평가

이야기의 장면에 어울리게 대화를 완성하였나요? (문제분해)	☆ ☆ ☆ ☆ ☆
이야기의 흐름이 자연스럽게 연결되었나요? (알고리즘)	☆ ☆ ☆ ☆ ☆
스토리보드를 스크래치로 표현 가능한가요? (시뮬레이션)	☆ ☆ ☆ ☆ ☆

활동목표	신데렐라 이야기를 바꾸어 스크래치로 만들 수 있다.

생각하나   신데렐라 이야기를 바꾸려면 무엇을 더 추가해야 할까요?

새로운 인물	
인물의 성격	
장소	
때	

생각두울   '생각 하나'에서 추가한 내용을 스크래치로 만들기 위해 필요한 것을 써보세요.
그리고 어떻게 스크래치로 가져올지 생각해보세요(사진, 목소리 등).

※자신이 추가한 내용을 생각하며 3컷 정도로 스토리보드를 완성하세요.

그림	대사	소리

1 스프라이트를 추가해요.

새로운 스프라이트를 추가하세요.

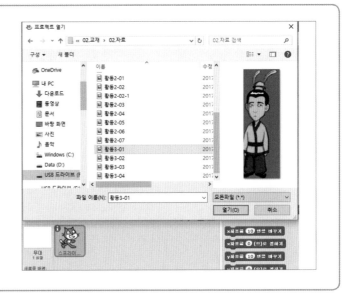

2 목소리를 녹음해요.

목소리를 녹음해 보세요(마이크가 필요합니다).

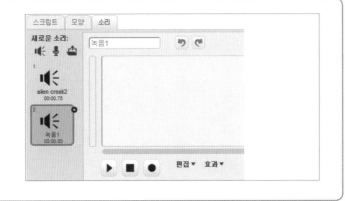

3 스프라이트를 만들어요.

그림판을 사용해서 새로운 스프라이트를 만드세요.

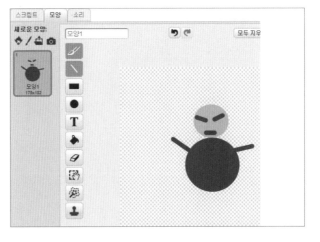

4 효과음을 넣어요.

선택한 효과음을 넣어보세요.

5 대사를 넣어요.

인물에 대사를 넣어보세요.

6 방송하기 블록을 사용해요.

'방송하기' 명령 블록을 넣어보세요.

7 대화를 완성해요.

'방송하기'를 받았을 때를 넣어 대화를 완성하세요.

8 모양을 바꿔요.

'방송하기'를 받았을 때 스프라이트의 모양을 바꿔보세요.

9 녹화를 해요.

프로젝트 비디오 녹화하기 기능을 활용하여 애니메이션을 만들어보세요.

그림	대사	소리

컴퓨팅 사고력

문항 1

여러분들의 작품에서 다음 명령어들을 사용했나요? 언제, 어떠한 경우에 사용했는지 적어보세요. 혹시, 사용하지 않았다면 언제 사용하면 좋을지 생각해서 적어보세요.

ⓐ _____

ⓑ _____

ⓒ _____

문항 2

'방송하기' 명령어를 받았을 때 자연스럽게 스프라이트의 모양을 바꾸기 위해서 필요한 명령어를 순서대로 연결해보세요.

CT 역량평가

이야기의 장면을 잘 떠올릴 수 있나요? (문제분해)	☆ ☆ ☆ ☆ ☆
이야기 순서에 맞게 명령 블록을 연결하였나요? (알고리즘)	☆ ☆ ☆ ☆ ☆
이야기를 스크래치로 자연스럽게 코딩하였나요? (시뮬레이션)	☆ ☆ ☆ ☆ ☆

공익광고 코딩

생활 속에서 문제점을 찾아보고 해결방안을 제시할 수 있다.
생활 속의 문제점과 해결방안을 스토리보드로 만들 수 있다.
스크래치를 활용하여 공익광고를 만들 수 있다.

활동 1

공익광고 캐릭터 코딩

캐릭터를 이용하여 공익광고 프로그램을 만들어보세요.

활동 2

(언플러그드) 공익광고 만들기

공익광고를 직접 만들어보세요.

활동 3

애니메이션 코딩하기

애니메이션을 배우고 멋진 공익광고를 만들어보세요.

이번 단원에 배울 컴퓨팅 사고력은?

이번 단원에서 핵심적으로 공부할 컴퓨팅 사고력은 '문제분해'입니다. '문제분해'란 어떤 현상을 보고 문제를 발견하여 그 문제의 원인을 찾아 해결방안을 순서대로 연결하는 것을 말합니다. 이러한 과정을 통해 문제를 효과적으로 해결 할 수 있습니다. 이번 단원에서는 스크래치로 공익광고를 만드는 과정을 통해 '추상화'와 '문제분해' 능력을 키워보도록 하겠습니다.

 **1. 공익광고 캐릭터 코딩**

활동목표	스크래치로 공익광고를 만들 수 있다.

생각하나   공익광고가 전달하고자 하는 내용은 무엇인지 생각해봅시다.

생각두울   공익광고를 스크래치로 만들려고 합니다. 어떤 스프라이트를 사용하면 좋을까요?

1 첫 화면을 만들어요.

다음과 같이 화면을 구성하고 어울리는 소리, 말,
이미지를 넣으세요.

2 바다를 배경으로 만들어요.

다음과 같이 화면을 구성하고 어울리는 소리, 말,
이미지를 넣으세요.

3 도시를 배경으로 만들어요.

다음과 같이 화면을 구성하고 어울리는 소리, 말,
이미지를 넣으세요.

4 북극을 배경으로 만들어요.

다음과 같이 화면을 구성하고 어울리는 소리, 말,
이미지를 넣으세요.

5 캐릭터를 모두 이용해봐요.

다음과 같이 화면을 구성하고 어울리는 소리, 말,
이미지를 넣으세요.

6 스크래치로 공익광고를 만들어봐요.

앞에서 했던 광고와 비슷하게 화면을 구성하고
소리, 말, 이미지를 창작하여 넣으세요.

환경 문제를 해결하기 위해 우리가 할 수 있는 일들을 마인드맵으로 표현해보세요.

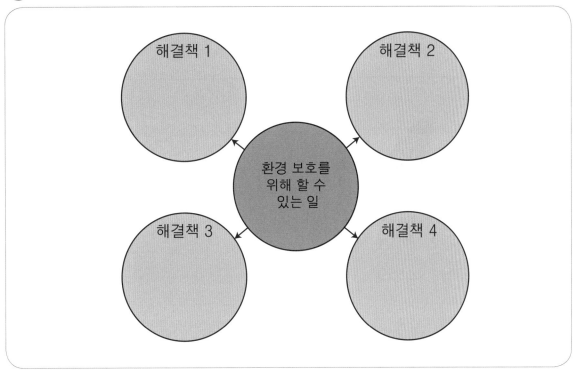

위의 해결 방안을 스크래치로 표현하기 위해 필요한 장면과 그에 어울리는 소리, 말, 이미지를 생각해보세요.

	장면	소리	말	이미지
새로운 인물				
인물의 성격				
장소				
때				

문항 [1]

버튼의 기능을 알아봐요.

① 버튼의 기능은 무엇인가요?

② 버튼의 기능은 무엇인가요?

③ 버튼의 기능은 무엇인가요?

문항 [2]

장면①에서 장면②로 자연스럽게 넘어가려면 어떠한 명령어들을 사용하면 좋을지 적어보세요.

CT 역량평가

화면에 어울리는 소리, 말, 이미지를 넣었나요? (문제분해)	☆ ☆ ☆ ☆ ☆
광고의 순서에 맞게 명령 블록을 연결하였나요? (알고리즘)	☆ ☆ ☆ ☆ ☆
광고를 스크래치로 자연스럽게 코딩하였나요? (시뮬레이션)	☆ ☆ ☆ ☆ ☆

 **2. (언플러그드) 공익광고 만들기**

활동목표	나만의 공익광고를 만들 수 있다.

생각하나 우리 생활에서 문제점을 발견하고 원인과 해결 방법을 정리해보세요.

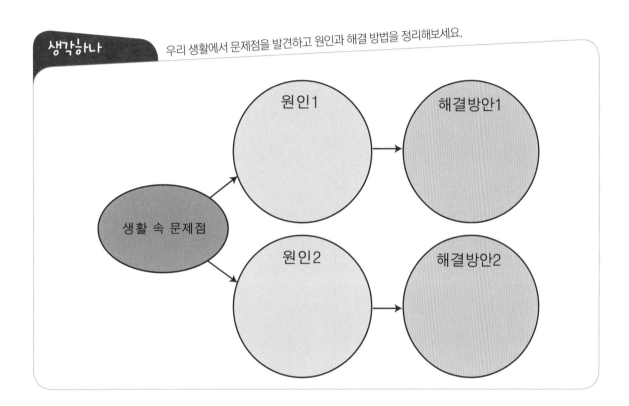

생각하나 우리 생활에서 문제점을 발견하고 원인과 해결 방법을 정리해보세요.

장면	설명
1	
2	
3	
4	

※앞에서 생각한 장면을 바탕으로 공익광고 스토리보드를 완성하세요.

이미지	광고문구	소리

이미지	광고문구	소리

카피	돈이라면 버리시겠습니까?
광고장면	

위의 예시를 참고하여 자신이 만든 스토리보드의 한 장면을 골라 빈칸 위에 그려보세요.

카피	돈이라면 버리시겠습니까?
광고장면	

문항 **1**

스토리보드를 만든 뒤에 아래의 내용을 확인하여 보세요.

확인할 내용	확인 결과
광고에 알맞은 이미지나 소리로 스토리보드를 완성하였는가?	
광고 내용에 포함된 정보는 이해하기 쉬운가?	
광고의 내용을 스크래치로 표현 가능한가?	
매우 잘함(○) 잘함(□) 보통(△)	

문항 **2**

〈보기〉를 보고 ( )안에 알맞은 기호를 쓰세요.

광고 만드는 순서 완성하기
〈보기〉
㉠문제 원인 파악하기　　　　㉡스토리보드 작성하기
㉢문제 해결방안 찾기　　　　㉣생활 속의 문제 발견하기
( )－( )－( )－( )－스크래치로 만들기

CT 역량평가

광고에 어울리는 이미지, 문구, 소리를 넣었나요? (문제분해)	☆ ☆ ☆ ☆ ☆
광고의 순서가 적절한가요? (알고리즘)	☆ ☆ ☆ ☆ ☆
광고의 내용이 자연스럽게 이어지나요? (시뮬레이션)	☆ ☆ ☆ ☆ ☆

 **3. 애니메이션 코딩하기**

| 활동목표 | 애니메이션을 배우고 멋진 공익광고를 만들 수 있다. |

생각하나 내가 만든 스토리보드에서 부족한 점을 찾아보고 해결방안을 써보세요.

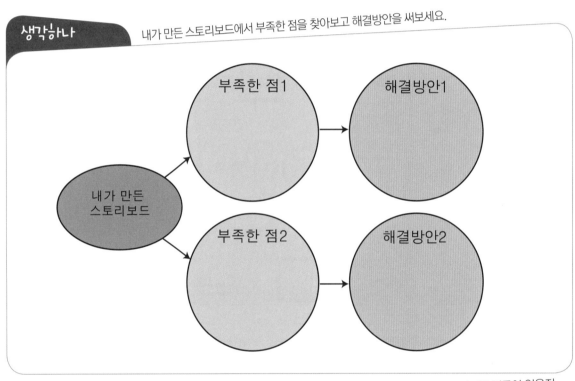

생각두울 스토리보드로 만든 광고를 스크래치로 표현하기 위해 필요한 명령 블록은 어떠한 것들이 있을지 써보세요.

1 배경을 추가해요.

공익광고에 필요한 배경을 추가하세요.

2 스프라이트를 추가해요.

배경과 어울리는 스프라이트를 선택하세요.

3 대사를 만들어요.

'말하기' 명령어를 사용하여 대사를 넣어보세요.

4 방송하기 명령어를 사용해요.

'숨기기'와 '방송하기' 명령어를 사용하여 장면을
바꿔보세요.

```
1 초 기다리기
너무 더워!! 빙하가 녹고 있어.. 을(를) 3 초동안 말하기
이제 나는 어디에서 살아야 할까? 을(를) 3 초동안 말하기
너무 힘들어...ㅠㅠ 을(를) 3 초동안 말하기
숨기기
사막으로 바뀌기 ▼ 방송하기
```

5 배경을 바꿔요.

'OO방송을 받았을 때' 명령어를 사용하여 배경을
바꿔보세요.

```
사막으로 바뀌기 ▼ 을(를) 받았을 때
배경을 desert ▼ (으)로 바꾸기
```

6 새로운 스프라이트를 보이게 해요.

'OO방송을 받았을 때' 명령어를 사용하여 새로운
배경과 어울리는 스프라이트를 보이게 해보세요.

```
사막으로 바뀌기 ▼ 을(를) 받았을 때
1 초 기다리기
보이기
1 초 기다리기
```

7 대사를 만들어요.

'말하기' 명령어를 사용하여 대사를 넣어보세요.

```
사막으로 바뀌기 ▼ 을(를) 받았을 때
1 초 기다리기
보이기
1 초 기다리기
맞아.. 나도 점점 살곳을 잃어가고 있어. 을(를) 3 초동안 말하기
사람들이 나무를 너무 많이 베어가고 있어. 을(를) 3 초동안 말하기
문어야.. 너는 어때? 을(를) 3 초동안 말하기
```

8 장면을 바꿔요.

'숨기기'와 '방송하기' 명령어를 사용하여 장면을
바꿔보세요.

```
맞아.. 나도 점점 살곳을 잃어가고 있어. 을(를) 3 초동안 말하기
사람들이 나무를 너무 많이 베어가고 있어. 을(를) 3 초동안 말하기
문어야.. 너는 어때? 을(를) 3 초동안 말하기
숨기기
바다로 바뀌기 ▼ 방송하기
```

9 소리를 추가해요.

'소리' 버튼을 클릭하여 장면과 어울리는 음악을
넣어보세요.

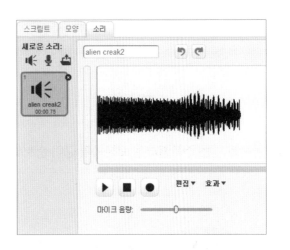

왼쪽에 있는 명령 블록을 오른쪽과 같이 순서도로 표현할 수 있어요.

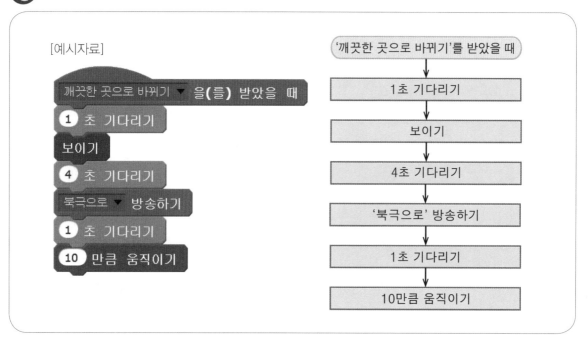

[예시자료]

내가 코딩한 명령 블록을 보고 순서도를 작성하세요.

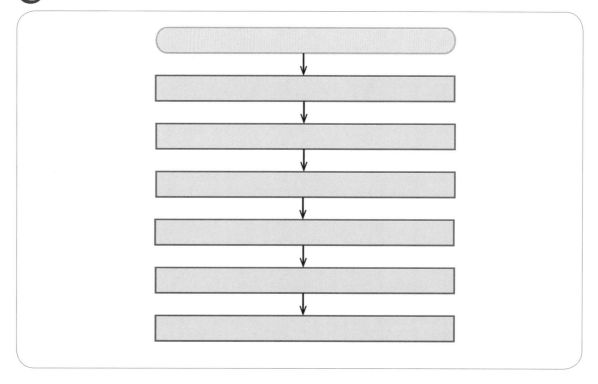

문항 [1]

〈보기〉의 내용을 스크래치로 코딩할 때 필요한 명령 블록들을 순서대로 써보세요.

─── 〈보기〉 ───

시작하면 화면에 곰이 나타나서 2초 후 '환경을 살리자' 라고 3초간 말합니다. 곰이 화면에서 사라지면서 '사막' 으로 배경이 바뀝니다. 배경이 바뀌면 원숭이가 나타나서 '우리 모두 환경을 보호 합시다' 라고 3초간 말합니다.

문항 [2]

다음을 보고 ㉠과 ㉡의 결과가 어떻게 달라질지 써보세요.

㉠

㉡

이재호 교수와 함께하는
CSI 창의융합코딩(초급과정)

1판1쇄 발행 2017년 6월 30일

저자 이재호, 김강현, 김원, 박재일, 백승욱, 유경일, 이광재, 장준형
삽화 강성민
디자인 김정아

발행인 이 병 덕

발행처 도서출판 정일
등록날짜 1989년 8월 25일
등록번호 제 3-261호

주소 경기도 파주시 한빛로 11, 309-1704
전화 031)946-9152(대)
팩스 031)946-9153

isbn 978-89-5666-256-5(03000)

※ 이 도서의 국립중앙도서관 출판예정도서목록(CIP)은 서지정보유통지원시스템 홈페이지(http://seoji.nl.go.kr)와
국가자료공동목록시스템(http://www.nl.go.kr/kolisnet)에서 이용하실 수 있습니다.(CIP제어번호: CIP2017014280)